LOCUS

LOCUS

LOCUS

LOCUS

Smile, please

smile 71

青蛙爲什麼要走路？

Ping: A Frog in Search of a New Pond

作者：史都華・艾利・高德　（Stuart Avery Gold）

譯者：黃聿君

責任編輯：楊郁慧

美術編輯：何萍萍

法律顧問：全理法律事務所董安丹律師

出版者：大塊文化出版股份有限公司

台北市105南京東路四段25號11樓

www.locuspublishing.com

讀者服務專線：**0800-006689**

TEL：(02) 87123898　FAX：(02) 87123897

郵撥帳號：18955675　戶名：大塊文化出版股份有限公司

總經銷：大和書報圖書股份有限公司

地址：台北縣五股工業區五工五路2號

TEL：(02) 89902588　　FAX：(02) 22901628

初版一刷：2006 年 10 月

定價：新台幣200元

Printed in Taiwan

青蛙為什麼要走路？

以及怎樣找到夢想中的大池塘

Ping: a frog in search of a new pond

Stuart Avery Gold ◎著

黃聿君◎譯

獻給我那兩位出色的跳躍小子

——艾倫（Aaryn）與尚恩（Shaun）

目錄

前言

重要的是，你得相信有關青蛙平平的故事是眞的。

就我個人而言，當初也滿懷疑的。一讀之下，發現這個故事說的是池塘最資深的居民之一——一隻青蛙——徹底轉變的歷程，任何人聽了都會半信半疑。

好了，剛剛翻了翻眼睛的讀者，請不要卻步，因爲這個故事裡有很多可以學的東西。地球上雖有很多壞事正在發生，同時仍然有很多好事存在。這些好事當中，有一項就是，我們始終擁有可以振奮人心、提升性靈的故事。

本書所說的故事就是其中一個。

很久很久以前，早在你我出生之前，早在變幻莫測的WiFi、寬頻、輸出網路影音（Streaming Video）、DVD、VCR出現之前，早在電視、電影、收音機，甚至書本問世之前，世上便流傳著用來娛樂、教化、鼓舞人心和激發靈感的故事。有些流傳了好幾個世紀的老故事，目的是在安撫心靈，或是助眠安神。而我要說的是個生命旅者的故事，旨在幫助讀者意識到心靈方向，證明生命之旅的意義不只是存活而已。故事中青蛙平平展現出的英勇之舉與洞察力，盼能促使你得到啓發，進而掌握生命中的種種良機。

爲了讓這個故事眞實可信，我動筆之前先訪問了幾十個人，包括亞洲人與歐洲人，西藏喇嘛與禪宗大師，緬甸耆老與道家方士，把筆記本記得滿滿的。有的受訪者領我神遊日本，有些領我神遊中國，有些則替我引見美國本土某幾位哲人，但是，唉，只有少數人知道青蛙平平的故事，而這少數人裡面只有少數人還能記得很完整。畢竟，這個故事發生年代有點久遠。

即便如此，這個故事仍在我腦海裡縈繞不去，所以我又多花了好幾個月的時間進行研究。感謝老天，最後終於讓我找到正確詳實的記載，因此才敢打包票，保證故事的真實性。當然囉，這些努力值不值得，得由你來判定。畢竟，若說歷史教了我們什麼，那就是有些故事聽聽就算，有些則可以相信。

青蛙平平的故事是哪一種呢？

嗯，是一則將會永久流傳的故事……

有誰說得準，自己熟悉的世界會不會徹底改變？

一　信心飛躍

最有意義的旅程，
就是探索心靈之旅。

從前從前，有一個池塘……

在那個時候，池水並不深。事實上，有好一段時間，池水都這麼淺，不過住在池塘裡的動物並不在意——反正那地方就是這個樣子。

舉例來說，烏龜只要水深到夠他們在池裡游來游去就很高興了；他們甚至喜歡浮在水面上曬太陽，所以水淺也無所謂。淺水對鶴來說也很棒；他們喜歡淺淺的水，因爲擺首之間，輕輕鬆鬆就能叼起美味食物。魚也沒什麼好抱怨的——離水面愈近，就愈容易捕捉到浮游生物。

說真的，池塘裡的居民都很知足；在池裡游來游去，從來沒有誰抱怨或是碎碎唸。大多數居民都習慣這樣平平淡淡過日子，沒什麼好不開心的。

大多數居民這麼想，並不代表全部都是如此。

平平是一隻青蛙，不過他並不知道身爲青蛙值得驕傲。舉例來說，平平不知道，在東方古老傳說裡青蛙來自月亮；青蛙從蛋裡孵化出來後，隨著銀雨從天而降。不過，平平對自己的事情倒是有點印象，記得自己小時候在池塘裡的日子。那時候，他的手腳還沒長出來，在深水中擺動尾巴前進；他記得那種上上下下、快樂優游的感覺。

等他長大一些，可以蹦蹦跳跳了，跳躍成爲他的最愛。平平是天生的跳躍好手，跳得比誰都遠。

平平一跳，就能完美飛躍九呎遠的距離——抱歉，更正一下，是九呎三吋才對——無人能及的紀錄。青蛙平平的跳躍天賦驚人，只要他開始跳躍，池塘的居民不管在做什麼，都會停下來觀賞。他們深感榮幸，有機會目睹這榮耀的一刻。

平平對這些讚譽不以爲意。他只知道，跳遠好玩得不得了。而現在池塘幾乎乾涸，他再也沒辦法好好跳上一跳，好不悲慘哪。

我們要先了解到：想要過超越地心引力的優雅生活，得具備兩個條件。首先，得有強烈的慾望，想活出最精采的生活。再者，得有決心，樂於讓自己每天都過得精采。

平平兩者兼具。

他缺少的是水。他需要水讓他跳進去。

說到這裡，我得補充一下。以前有一段時間，源源不絕的泉水不斷注入池塘，但泉水流向爲什麼改變了？關於這點，我進行研究的時候，始終找不到任何線索。不過我的確發現，就這麼不特別喜歡或討厭地待在老地方，對這個池塘裡其他生物來說沒什麼大不了，但是對平平來說，他可不甘心。

平平聳聳肩，嘆了一口氣。他渴望過去那種又深又廣的池水。他享受過蓮花與百合飄盪水面，帶來的清新與醉人芬芳；蘆葦隨著竹林間的微風搖曳，擺動著靜謐節奏。如此景致，帶給他的心靈無限愉悅。然而，這一切已成過往。眼下池塘裡的殘景，對平平的心靈毫無助益。

道家先賢莊子有言：「順物自然，而無容私焉，而天下治矣。」

兩棲類生物當然不認識字，不過青蛙每天在池塘過日子，不難看出所有生物在自然秩序裡各有其位，各有各的使命待完成。

平平感覺到，不，他打從內心確確實實知道，自己最想要的，是過一種讓自己與眞實自我合而爲一的生活。

平平對自己與生俱來的天賦和特出的才能深具信心，於是天天坐在池畔，懷抱著他最大的夢想，也就是要活出最好的自己。然而，唉，平平的夢想日益茁壯，可是池塘卻越來越狹小。直到那駭人的一刻到來：池塘根本不再是池塘，平平長久以來優游其中的溫馨舒適環境，逐漸在他眼前淤積乾涸……越來越小……最後消失無蹤。

什麼都沒有了。

當然，這是誇張的說法。事實上，池底還剩下小細枝、石頭、不幸同伴的骸骨，以及各種殘餘物。還有泥巴。到處都積著淤泥。

平平白天就坐在淤泥堆上，晚上也睡在淤泥堆上。不過他睡得不多。當我們內心潛伏著恐懼時，很難放得開。而此刻的平平感到害怕。

當我們內心潛伏著恐懼時，很難放得開。

他確實很害怕。

改變——徹頭徹尾的改變——讓人不安。改變發生的時候，會造成某種恐懼；這樣的恐懼，就連最有自信的青蛙也抵擋不了。恐懼往往帶來困惑、遲疑、憤怒、焦慮和絕望。面對改變而產生的恐懼，甚至會牢牢抓住你，俘虜你，讓你動彈不得。

不過，前提是你自己允許這種情況發生。

怕變化，怕承受風險，怕被嘲笑，或是怕他人不贊同你的目標和夢想——這些都是使自己達成意願、徹底轉變的大敵。然而這些大敵也是有剋星的；恐懼的剋星，就在勇氣之中。勇氣並不表示無所畏懼，而是在恐懼之下仍然能展開行動。

有些人需要時間，逐漸明白這個簡單的事實，但很多人永遠都不會明白。對平平來說，他花了大約一星期的時間。

日子一天天過去，平平經歷了前所未有的感受。他感到困惑、不確定。

平平想起他所懷念的往日時光，留戀著曾流動著深水的池塘；他的內心交戰著，很難割捨這段回憶。畢竟，他從出生到現在還沒有離開過這裡。

但是，又有誰說得準，自己熟悉的世界會不會徹底改變？上天何時會出乎意料地賜與你堅持或放手的力量？準備做出抉擇，就是準備迎接轉變。

正當平平陷坐在泥堆裡，思索著他的抉擇，他得到一項重大的啓示。他要有目標地活著，這才是屬於他的一生。

平平決定拋開過去，迎向未來，爲往後的生活重新思索。

這是池塘消失的第七天，再過五分鐘天就要亮了。平平回頭，最後一次看看這個曾經深愛過的熟悉環境，然後鬆手拋開過往的榮耀，跳出最完美的一躍，躍向他這一生最偉大的冒險旅程……

二　態度決定高度

細心領會「道」的內涵，
包括有形的與無形的。

一開始，平平像是要飛了起來，自信滿滿，活力充沛。他精神抖擻，想跳出最高的高度，想跳出最遠距離，想秉持堅毅決心，體驗生活中所有美妙驚奇。

無論如何，他打定主意要這樣過日了。

就像我先前提過的，平平的腿力相當驚人，肌肉強健，跳躍力無可匹敵。他的毅力世上罕見，更不用說他那股朝遠方前行的決心。

換句話說，對平平而言，只要雙腿能動，跳躍就不成問題。啓程那天，平平就證明了這一點；他完全不知道疲倦似地，徒步走完一段遙遠的路程。

但這不算什麼。

第二天，平平臉不紅氣不喘地，走了兩倍的路程。不過這也不算什麼。

說來可惜，當時《金氏世界紀錄》沒能記錄下第三天的行程。那天平平完全沒停下來休息，毫不懈怠，到了午後時分便刷新前兩天的紀錄。

然而，到頭來這還是不算什麼。雖然平平每天都打破前一天的紀錄，但最後卻使自己陷入一場噩夢。

眞是太恐怖了。

要是他早知道，自己將身陷高聳群樹之間，困在難以想像的茂密蓊鬱、交纏糾結的枝枝葉葉中，平平寧願待在老家，繼續被心裡的疑慮纏擾。

要是他早知道，在現實的黑暗森林裡，並不容易找到出口，他絕對會留在池塘裡。

千金難買早知道。

平平開始深呼吸。然後重複一次。接著再做一次更深的深呼吸。他準備就緒，鼓起勇氣繼續上路。

這趟路走起來並不輕鬆。

平平使盡力氣，試圖穿越這一大片植滿柏樹和松木的叢林。他蹦彈，他跳躍，不斷重新調整跳躍軌道。這樣跳，那樣跳，左跳，右跳。他試遍所有跳法，可是不管他怎麼跳，每一回都費盡力氣卻徒勞無功。

即使偶然吹起不尋常的強烈順風，也對他毫無幫助。沒有什麼能幫得上忙。平平盡力了。雖然試了又試，但屢試屢敗。

高聳入雲的樹林擊倒了他，痛擊他，讓他遍體鱗傷，讓他像石頭般重跌在地。平平試了又試，連腿都抽筋了，還是一點用都沒有。

這一天可說是最長的一天，平平體驗到他從未體驗過的世界——充滿失敗挫折，殘酷不仁的世界。多麼沉痛的打擊啊。

平平精疲力竭，他坐在那兒，臉色發白，渾身顫抖。他從沒這麼悲慘過。

疲憊中，淚水模糊了雙眼。他眨眨眼，不讓眼淚流下來，然後嘆了一口氣。他再次看看眼前這個難以脫身的困境，在皎潔月光下仰起頭，向天祈求。

上天並沒有給予回應。

平平頹喪不已，一陣心寒。

他感到挫敗、沮喪，覺得自己不過是隻可悲又無能的生物，註定要過這種看不到明天的悲慘生活。事實就是這麼簡單。

平平躺倒在地，心力交瘁。他竟然自以爲可以追求有意義的生活，懷抱這樣的期望啓程，低估了旅途中的考驗，簡直是天大的錯誤。他已經走了這麼遠，這麼努力嘗試，但現在閃亮的夢想逐漸褪色。

呼呼！他以爲自己是誰啊？不自量力，竟然自以爲特別？呼呼！竟然自以爲有實現夢想的能耐？呼呼！竟然自以爲有本事追求自己想要的一切？

呼呼……不自量力……

這些話語不斷在他的耳邊迴盪。他眨眨眼，盡全力抵擋這種令人毛骨悚然的感覺。

呼呼……不自量力……

又來了。

呼呼……不自量力……

又來了……沒完沒了。

我們現在應該可以大膽地說，青蛙的心靈也有容忍的極限。平平的感受證明了這點。他感覺自己就要發瘋了，於是死命要腦子停下來，別再這樣轟炸自己，他下令灰色腦細胞就此打住！！！！！！

沒有用。可怕的回聲不肯就範。

呼呼……不自量力……

平平沒辦法躲開，這令他頭大的回聲始終揮之不去。

這聲音並非空穴來風。

平平歪著頭，突然間發現，那些迴盪不去，奚落著他的魔音，其實根本不是「呼呼……不自量力……」。平平仔細聆聽，聲音清晰得很，比較像是某種鳥類的鳴叫。

接下來，平平明白這聲音不是來自他的腦海。絕對不是。聽起來像是來自寒冷的黑夜，是從他的身後、遙遠的上空來的！的確如此。

「嗚呼呼呼……還沒發現路，當然找不到路。」

平平轉身，瞇起眼睛凝視著月光。

他在枝幹糾結的巨樹上，高張的枝葉之間，最幽暗的陰影深處，看到一雙又圓又亮的黃色眼睛眨動著。

平平再仔細看看，鬆了一口氣。他的世界很小、所知有限，不過看到貓頭鷹的時候，不至於認不出來。

「我的路被堵住了。大樹擋了我的路。」平平辯解似地冒出這句話。

「阻礙你前進的樹，恰恰是讓我居高臨下的樹。不都是同樣的樹嗎？」貓頭鷹說。

「那又怎麼樣？」平平的語氣有些不高興。「它們一直擋我的路。」

「如果旅途一路順暢無礙，終點也沒什麼好期待的。」

平平無言以對。

「你對『道』實在一無所知。」貓頭鷹接著吟詠似地說道：「『道』

旅程如果一路順暢無礙，終點也沒什麼好期待的。

不是指行走的道路，而是指靈魂的景象；宇宙的氣息灌注其中。它在你心中，範圍卻又超越你，始終在你左右。敞開心懷，天地萬物將提升你的心靈，而不是壓迫你。若不能領略這一層，往往徒勞無功。」

有意思，平平心想。不可否認，這隻貓頭鷹是隻聰明老鳥。如果貓頭鷹能助他一臂之力，那就太幸運了。

「你在樹上看得到我該朝哪裡走嗎？」平平問。

貓頭鷹搖搖頭說：「想知道該往哪裡走，你就得深入自己的內在世界，釐清困惑，如此才聽得到心靈所給予的指引和提示。」

「看清楚自己是誰，看清楚自己想成爲什麼樣子；即使是眼盲者都擁有這種洞察力。」

「我也想要有這麼一副眼睛。」平平說。「幫幫我好嗎？」

「你一定要找到自己的心靈方向。」貓頭鷹說。

貓頭鷹的語氣略爲不耐，但也帶著一絲同情。

「只有你自己的心具有引導你的力量，」貓頭鷹說道：「你一定要靠自己，不要指望外來的事物。引導你走向奇妙愉悅人生的道路，發源自你的內心，再由精神意志加以開展；這是教不來的，一定要親身經歷和體驗。」

「那麼，我該從哪裡開始呢？」平平問。

「你在哪裡，就從哪裡開始。」貓頭鷹接著說明道：「從喚醒內在的『道』開始。你一定要敞開心懷，才能感受到內心的『道』。」

「該怎麼做呢？」平平疑惑地問。

「不是怎麼做的問題，」貓頭鷹很快答道：「即知即行！」貓頭鷹說著便振翅向下飛，飛到平平面前的樹枝上。他收攏翅膀，用嘴順了順幾根亂掉的羽毛。

「一定要展開行動，才能實現夢想，」貓頭鷹說。「掌握自我，就從當下開始。」

「有太多人在等待對的時間、對的地點，才肯開始行動。要知道，『等待』無礙是把你嚮往的目標推到一旁。要知道，行即爲生。」

平平自然聽不懂這番話。「拜託，我需要你指引，才到得了我要去的地方。」

「你知道你要去的地方在哪裡嗎？我是指最終的目的地？」

平平作勢清清喉嚨。「算知道吧。」

「如果你不知道自己要去哪裡，選哪條路都無所謂。」

貓頭鷹踱著步子，然後轉過身來。他的動作優雅而有活力，絲毫不顯老態。他帶著些許好奇，看著平平。

「不管怎麼樣，去弄清楚那些你不知道的東西，是一切事物的開端。有目的的生活就從這裡開始。」

「有目的的生活？」

「過有目的的生活，意謂著你的行動能契合內心的自我。釐清目標，開放胸襟，充滿生氣，我們就有力量左右自己的命運。擁有選擇權而非仰賴偶然的機會，這就是過有目的的生活。」

「這樣說來，有目的的生活正是我所夢寐以求的！」

「要有承受挫折的心理準備。」貓頭鷹說。

「你眞的有智慧又偉大，」平平說，「請收我爲徒，拜託。」

「我不想。」

「可是我已經走了那麼遠。」

「我祝你平安返家。」

「然後呢？」

「從經驗中記取教訓。祝你好運。」

「我再說一次，請指引我，拜託。」

「我也再說一次，很抱歉。不行。」貓頭鷹說著飛回枝頭。

平平年紀輕，個性中還保有堅持己見的特質。他不會輕易接受「不行」這種答案。他急躁起來，再次開口請求貓頭鷹。

「不行。」

他懇求。

「不行。」

他改成哀求。

「不行。」

動之以情。

「不行。」

聲淚俱下。

「不行。」
匐匍在地。

「不行。」
苦苦哀求。
「不行。」

於是平平屏住呼吸，開始跳上跳下——不是像你想的那樣，氣急敗壞地跳腳。他使出全力，想跳上貓頭鷹棲息的枝頭。

經過這番折騰，平平的四肢都快散了，但是他不在乎。他就是不放棄。

每跳一次，他就更高一點，更靠近一點。天知道這股前所未有的力量是打哪來的。不管怎麼樣，幾個小時後，平平的確進步了。他的動作毫不遲疑，每回跳躍都讓他跳得更高一些。

當晚大部分時間就這樣度過：平平不停地跳，不肯放棄，試著把自己往上拋，想盡辦法接近貓頭鷹。

貓頭鷹一直沒理他，自顧自地忙著打理羽毛。最後，平平奮力一跳，宛如某種失落的魔法再現，跳上了貓頭鷹棲息的枝頭！

「態度決定高度。」貓頭鷹說。

「你說什麼？」

「嗯……善哉斯言。」

貓頭鷹飛下枝頭，降落在霧氣瀰漫的地面。

平平氣喘噓噓地跟著貓頭鷹往下跳。

「好好玩，」他說。雖然累得氣喘噓噓，平平還是試著說笑。「從我到這邊以來，一直沒辦法好好地跳一跳。」

「你很執著。這點我承認。」貓頭鷹說。

平平察覺到貓頭鷹的態度有些許軟化。「如果執著能幫助我過有目的的生活，那我就得執著。」

態度決定高度。

「做得到和做不到的分別，就在於執著與否。」貓頭鷹說。

「那麼，你決定收我爲徒了？」平平興奮起來。

貓頭鷹朝他眨眨眼。「我是寧可不受打擾啦，不過你倒提醒了我這點——俗話說，『弟子準備就緒，上師就出現』。」

平平心情爲之一振。他聽到好消息時，分辨得出那是好消息。往後不必獨自走這趟路，實在令人欣喜振奮。

「眞不知該說什麼來感謝你。」

「我們要有個好的開始。從現在起，我要你專心一致。如果你準備沈潛探索自己的熱情、自己眞正的目標和自己的心，平靜沉著將是你最需要的。」

三　初學者的心靈

平靜的心靈，
方能萌生剎那間的領悟。

貓頭鷹說完那番忠告後，便逕自步上月色下的小徑，往天知道哪裡的地方前行。平平興奮地跟在後頭，儘可能保持安靜，腦海中則是一片茫然。

平平肚子餓得咕咕叫的時候，很難定下心來思考。他有好一段時間沒吃東西了，猶疑著該不該跟貓頭鷹開口。不過他決定還是不要，免得惹貓頭鷹不高興，自顧自飛回枝頭上。這點平平之前已經受夠了。

所以他靜靜地跟在貓頭鷹後頭，一邊尋找飛蟲、蠕蟲、爬蟲，或是隨便找點吃的，紓緩剛開始發作的偏頭痛。又過了一個鐘頭，平平終於開口問貓頭鷹他們要去哪裡。

貓頭鷹不發一語。

平平再問貓頭鷹，等他們到了目的地，他會不會做個說明。

「我乾脆現在就跟你解釋，因爲你不懂得享受邊走路邊思考的好處。」

「你說得對，抱歉。」平平說。

貓頭鷹沉著一張臉說：「我不用你跟我道歉。你一定要專注於自己的意念。要花點功夫去撇開周遭事物的干擾，讓心靈沉澱，與你的內在自我連結。

「在話語和紛擾的概念與批判之外，有一處境外之地，在那裡，心靈內的衝突都被內心眞實的召喚平息。

「你終將明白，眞正的生命旅程，就是尋找心靈的居所。」

不一會兒，貓頭鷹在一株盤根錯節的殘幹旁停了下來，閉上眼睛。「仔細傾聽。你聽到了嗎？聽到你內心的聲音了嗎？」

「若沒聽見，就再深入一些。它始終在那裡等你。欣然接受心靈的力量。學習信任它源源不絕的力量。一旦你聽到心的召喚，就追隨它吧，因爲心一向知道該帶你到哪裡去。」

仔細傾聽。你聽到了嗎？聽到你內心的聲音了嗎？

平平閉上雙眼，努力集中精神。但是一下子很難辦到。

「你還是會分心。」貓頭鷹解釋。

「盡全力把自己放空。拋開你原本知道的一切。你一定得放空，才能敞開心胸，迎接屬於自己的一生。只有在空無的狀態，才能被填滿；如此方能重拾那份初學者的心靈。

「在現下這個階段，你一定要練習全神貫注在你做的事情上。一開始會耗費很多力氣，但熟能生巧，接下來會越來越輕鬆。

「學著與手邊的工作融爲一體；接著，跟天地萬有和其中蘊含的豐富物藏融爲一體。」

平平以驚嘆的神情凝視著貓頭鷹。貓頭鷹的智慧不容置疑。

平平坐得直挺挺地，召喚靜默，再次深沉穩固地集中注意力。

貓頭鷹提醒平平，只有在純然的黑暗中，才看得到眞正的自我逐漸甦醒。

平平閉上眼睛，漸次進入幽暗之中。需要追尋的不只是靈魂，他想，還有心靈，以及勇氣與情感。

平平的腦袋轉了起來，他嘆了一口氣。顯然還得跟貓頭鷹學很多很多的東西，才能讓自己有所改變。

至於貓頭鷹呢，他並不擔心平平跟不上。他知道不斷學習才會有所突破；而通往與生俱來的宇宙智慧之路，靠的就是這則眞理。身爲心靈導師，貓頭鷹知道自己的職責不只在於提供指導，還要給予鼓勵，充滿耐性。

接下來的幾個星期，貓頭鷹從「冒險」的意義開始，教了平平許多東西。貓頭鷹告訴平平，冒險不是不顧一切、放手一搏；這種冒失的做法，結果大多是慘敗而歸。貓頭鷹認可的冒險，是經過妥善規畫才採取行動。這種形式的冒險，才會有成功勝算。

貓頭鷹向平平說明，如果想要體驗奇蹟，就必須勇於承受風險；因爲風險既是危機也是轉機，往往有可能將機會轉化爲眞實。

貓頭鷹也很細心，沒忘了提醒平平，徹底明白冒險帶來的後果，是很重要的。

「看清楚風險，就等於降低一半的風險。」貓頭鷹說。

「把這項風險的優略弄明白，用精確的字詞來定義它。而且要先弄清楚，必須克服哪些阻礙和困難才能成功。」

「做好準備以面對意外的變數。最糟糕的情況會是如何？應變計畫是什麼？換句話說，就是三思而後行！」

（打個岔：根據可靠的消息來源，「三思而後行」這句千古格言就是從這段對話而來。）

貓頭鷹的教導，平平認真以對，謹記在心，特別是貓頭鷹刻意稍

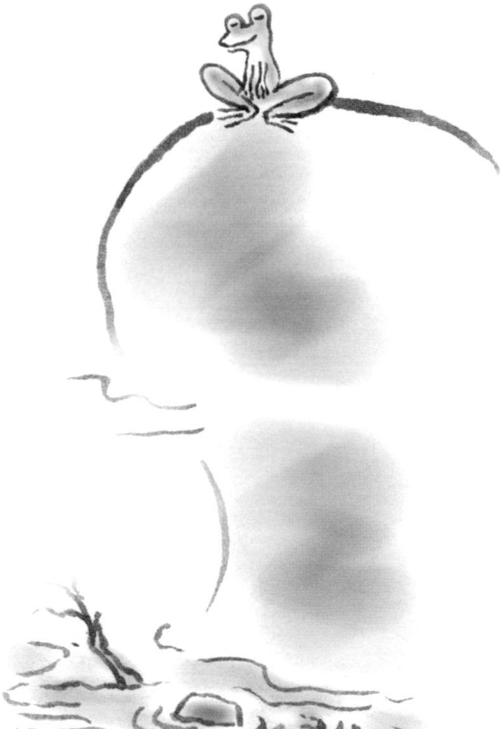

看清楚風險，就等於減掉了一半的風險。

作停頓，強調以下這段話：「刻意迴避風險，無異是在冒最大的風險。」

貓頭鷹接著說明，只有肯冒風險的人才有能力達成目標；而通往成功之路，往往就是大部分人不願意走的那條。

「讓自己成爲充滿可能性的人。」貓頭鷹力勸平平。「要知道，錯誤可以修正，而停滯不動形同禁錮自己的心。」

「記住，某一件想做而沒去做的事，和做過之後懊悔的事，都可能使你感到失望難過；但前者帶來的失望永遠大過後者。我再說一次，行即爲生。」

接著，平平問了一個又一個的問題；貓頭鷹不厭其煩地強調，冒險是促成改變的催化劑，可以把你從目前所在的地方，引領到你想去的遠方。

成長的過程就是一連串的冒險。不去冒險就無從體驗自己的天命。

貓頭鷹下了結論，強調從各個角度深入檢視眼前的風險有多重要；並力陳「接近風險最好的角度，就是勇於嘗試」。

平平明白了，並做了以下允諾：

「我保證盡全力，勇於承受冒險帶來的挑戰。

「我會仔細評估風險，衡量得失。

「我會依照你的教導，把智慧型的冒險變成生命的一部分。

「我會建立自信、迎向風險；從小的風險開始，一路循序漸進，直到自己充滿信心，願意去冒更大的風險。

「貓頭鷹老師，你是我的恩師。我保證我不會失敗。」

「我保證你會失敗。」貓頭鷹立刻糾正。「比你想像中還頻繁還悲慘的失敗。每回失敗，都會令你痛苦到一蹶不振，使你畏縮、哭泣、輕易地放棄。因爲這就是失敗對我們的影響。

「失敗固然有強大的毀滅性，讓人頹喪不已，但有種情況更是可怕、悲慘和糟糕：不曾經歷失敗。因爲不曾經歷過失敗，就無從激發追求成功的意志。」

「你要知道，失敗的經驗是天地自然絕妙的師者之一。

「如同水毫不費力就滋養萬物一般，失敗的經驗也會滋養你——給你眞理與智慧、洞察與知識，幫助你的心靈成長。你得學著將失敗的經驗視爲上了一課。

「你一定要牢牢秉持這樣的信念：不許失敗動搖你所企求、所渴望的，不許失敗干擾你活得精采。

「失敗可能擊倒你，也可能動搖不了你；這些永遠操之在己。」

「我不輕言放棄。」平平說。

「我們拭目以待。」貓頭鷹輕聲自言自語。

四　一隻會走路的青蛙

擁有強烈的欲望才能通往
道之所在；因為最堅硬的
金屬是由最熾熱的火焰鍛
鍊出來的。

貓頭鷹給平平一項功課，測試他的性格和勇氣。

「我知道你認爲自己很會跳。」貓頭鷹說，「不過我要看看你站立和行走的功力如何。」

平平搖搖頭。「我聽不太懂你在說什麼。」

「我年紀大了，有時候翅膀會因爲關節炎發作而僵硬酸痛，不過口齒還清晰得很。你聽到我說的話了。」

平平用懷疑的眼神盯著貓頭鷹看。「眞抱歉，我根本沒辦法走路。我從來沒走過路。

「另外，身爲世界上最厲害的跳躍專家，我不是浪得虛名。不管目的地在哪裡，我用跳的一定到得了。」

貓頭鷹怒視平平，大聲喝道：「現在給我仔細聽好，從現在開始，你可以走，也必須要走。不然的話，我只能說和你共度的時光很美好，祝你往後能帶著這出色的天分一路跳下去。我確定你做得到。」

平平嚇得臉色蒼白。貓頭鷹這番話的確奏效。貓頭鷹的指示，如果他連試都不試，貓頭鷹的指導也就到此爲止；而他所想要追求的一切，也就不必奢望了。平平很清楚這一點。

大約一百五十年前開始，科學界有一部分人士展開論戰，辯論青蛙有沒有辦法像人類一樣走路。

爬蟲學首席學者很快提出主張，他們說棲息在厄瓜多西海岸的非洲蛙以及北美的樹蛙，喜歡走路勝過跳躍。以好辯出名的博物學家則宣稱，以上兩類青蛙的肢體動作其實比較接近爬行。

撇開語意學不談，若你想找到終極證據，證明青蛙能用後腿站立和步行，平平立起身子跨步而行的那個傍晚，你眞該在現場親眼目睹。

不過不是第一次就成功。也不是第二次就成功。

如果那天傍晚你還得趕去其他地方，你大概會等不及先離開。因爲得等上好一會兒，才看到平平勉強走上幾步。一隻青蛙跌跌撞撞，踉踉蹌蹌，趴倒在地，這場面不怎麼賞心悅目。

「我做不到。」平平十分苦惱。

然而，貓頭鷹臉上卻沒有絲毫訝異的神情。

「相信自己做不到，就一定做不到。相信自己做得到，就很可能做得到。話語締造信念，信念締造行動。」貓頭鷹充滿智慧的雙眼直盯著平平看。

貓頭鷹接著說道：「想掌控自己的命運，一定要先掌控自己的意念。怎麼想、想什麼，都決定著你的未來。」

「說到實現夢想，不管你認爲自己辦得到或辦不到，各有一半的機率。如果你有興趣，我可以和你分享一套我的心得，讓你站得直、走得穩。」

平平懇求貓頭鷹：「教教我，拜託。我的膝蓋磨破了，站也站不穩，差點摔個狗吃屎。有什麼祕訣可以走得穩穩的？」

貓頭鷹停頓了一下，接著輕輕地說：「要過有目的的生活，就別靠腳前進，而是要靠決心意志前進。」

平平細細咀嚼貓頭鷹的話，驚嘆貓頭鷹的深沉智慧；覺得自己十分幸運，能碰上這樣的老師。平平明白，他不能讓老師失望。

平平恢復滿滿的信心，進入全神貫注的境界，心境再度回復到平穩的狀態。他把頭向後仰，深吸一口氣，凝聚全身的意志力，試著向前邁開步伐。

結果還是跌倒了。

平平重重地摔了一跤，悽慘無比，可悲極了。

「我再給你一個提示。」

「跌倒七次，第八次就要站起來。」貓頭鷹說。

「一心一意，貫徹意志。

「過有目的的生活，是一步一步循序漸進的過程；每一步都讓你更加了解內心世界的寬廣。

「如果你能明白這一點，就已經順利跨出第一步。」

平平下定決心照著貓頭鷹的話做，試了一次又一次，最後命運女神終於對他微笑，他突然間辦到了！神奇的雙腿跨出一步，然後是第二步，接下來第三步、第四步，之後又走了幾步，逐漸建立起平衡感。

平平不知道自己怎麼學會走路的，但他正在一步一步，走著前進。穩穩地向前走，像是早已習慣走路似地。

就連貓頭鷹都不能否認，眼前的景象有多驚人——一隻青蛙直挺挺地緩緩向前邁步。不過這不是重點。

重點是，平平已經有冒險的勇氣；失敗了再站起來，屢敗屢試，最後終於成功。平平的確在走路；事實上，讓平平在地面輕巧移動的，是他對自己的信心。

「你看！」平平有些得意。

貓頭鷹平靜地看著他。「你放下心頭的疑慮，因此戰勝了它。你已經擺脫了自我懷疑的心態。

「永遠別忘記，不管在做什麼、想什麼，一定要相信自己。面臨挫折失敗時，對自我的信念會支持你熬過去。

「但你也要知道，就算再怎麼相信自己的天賦與才能，如果沒有眞正的洞見讓你看個透徹，也只能漫無目的地在世間遊蕩。」

「嗯……有意思。」平平聳聳肩。「如果月光再亮一點點，或許我就能看得更清楚。」

貓頭鷹搖搖頭。「所謂洞見，是指深遠的智慧。替你屏除沿途障礙的，就是你的睿智。

「我再說一次，你得花時間喚醒心靈和精神，才聽得見你的人生使命激盪出的回聲。凝神傾聽眾聲之中的寂靜——也就是你靈魂的樂音。

「找出心靈的方向，有兩趟必經之路：一是忘記自我，一是尋找自我。

「言語文字無法描述，一切都在心靈中；你一定要先觀照內心，才能啓程上路。」

平平以爲自己懂了，眉開眼笑。「我不介意花個幾分鐘領悟一些道理。」

貓頭鷹凝視天空，深深地嘆了一口氣。接著他飛向高枝，舒展身子，而太陽正開始從地平線上升起。

儘管如此，貓頭鷹還是抱持一貫的樂觀心態，認爲這課題平平不必摸索太久，便能學會。也許再幾個月就夠了……不過也可能要更久。

五　心靈風景

在無風吹動的時刻，
聆聽雪松的聲音。
你會在其中找到你自己。

今年的冬風來得早。凜冽寒風狂吹，把梅子樹的樹葉吹落了一地，老松樹的松針不斷顫動。平平離開老池塘，已經過了六個多月。

此刻，平平蹲坐在一截深暗潮溼的空心木裡面，感到刺骨的寒冷。他聽見竹林間傳來嗶嗶剝剝的聲音，不過他的心不在那裡；不在了好幾個星期。他把心送往超越形體和聲音的地方，一個有著驚人的美麗與本質的地方。

平平發現自己終於進入平靜心靈的內在風景裡。貓頭鷹要他藉由冥想領略「道」的意涵。

平平不再是從前那隻小青蛙。他每天早上都會靜坐好幾個小時，保持心靈的平靜。

就在這個早晨，他和平常一樣深深陷入冥想。接著，一幅純淨景象在他的心靈之眼中浮現：遠處，白雪覆頂的高聳山峰在春日下閃耀。溫暖和煦的陽光，融解山頂積雪，雪水匯入花園的小河與水池，幽深而清澈。木蘭花、櫻花的花瓣飄落，香氣瀰漫；在覆滿青苔池畔綻放的紫藤、杜鵑和鳶尾花，秀美動人。這番景致，連最能言善道的青蛙都難以用言語形容。

平平一面欣賞壯麗的心靈風景，一面聆聽另人愉悅的聲響：鳥鳴婉轉，流水潺潺，偶爾被歡欣雀躍的小青蛙們比賽跳遠時濺起的水花聲打斷。

平平的心飽實充溢。此刻，他置身少數幸運兒才有幸造訪之處，他的心停留在內心這片豐美的景致中。

當天稍晚，平平向貓頭鷹提起他內心浮現的景象。「地球上眞的有這麼幸福美妙的地方嗎？」他問。

貓頭鷹點點頭，表示這種世界奇景的確存在。

「有座大宅園叫圓明園，是世界級的文明寶藏。圓明園是個壯麗堂皇的福佑之地，如同你心眼所見。不過，想要欣賞到如此莊嚴壯麗的景象，必須跋涉漫長的路途，接受許多挑戰。」

貓頭鷹提醒平平，途中得渡過「噗通河」；那是讓人聞之喪膽的一條河。

「可是，這是我的天命。」平平很快答道。

我想把這個故事說得精確一點，所以在這裡必須補充一下，好幾個世紀以來，製圖師一律將之標示爲「羅克河」（Rock River），但是住在河邊樹林裡的當地居民，卻把它叫做「噗通河」。因爲他們親眼看過好多旅人，試圖渡過湍急惡水，卻噗通一聲掉進河裡。

湍急河水、強勁暗流，以及水中的尖突岩石，全都能致命。渡過噗通河？當地居民會說，想都別想。渡河的理由再重大，都不值得以生命爲代價。

「小事一樁。」平平的語氣絲毫不畏懼。「你沒看過我跳得有多遠。告訴我噗通河在哪裡，我就讓你親眼見識，我可以連一根腳趾都不沾溼，就能順利過河。我精通跳躍；這就是我過人的技巧。」

「蠢人才會說這種大話。」貓頭鷹說。

「我不懂。」平平說。

「你就快懂了。」貓頭鷹說。「天分是與生俱來的，但是技術必須靠學習得來。」

「我親眼見識過你的天分。不過天分需要技能的支持，才能完整發揮。天分爲你打開一扇門，而技術帶你走進那扇門。」

「你一定要同時發展自身的天分與技術，否則永遠無法成爲自己生命的主宰。」

平平靜靜地坐了一會兒。眨了眨眼，一會兒又眨眨眼。「我想成為自己生命的主宰。」

「光是『想要』還不夠。實際行動才是不二法門。你一定要有所行動，才能掌握生命中的各種情勢，否則那些風險和意外就會反過來主宰你。」

「我準備好了。」

「那麼我們就開始吧。」貓頭鷹宣布。

他們一本正經，鄭重其事地展開訓練。訓練表內容很簡單，直接清楚不囉唆。就從鍛練平平的肌肉開始，讓肌肉強壯到足以面對噗通河的挑戰。

訓練初期，平平每天花半個鐘頭，雙手抱著一磅重的石塊，雙腿倒吊在樹枝上。這項訓練一開始讓他吃盡苦頭，不過雖然手痠腿痛，他還是繼續撐下去。

一個月不到，平平已經能抱住五磅重的石塊練習倒吊。倒吊會讓血液直衝腦門，令人頭痛欲裂，但是平平樂在其中——只要他行

天分是與生俱來的，但是技術必須靠學習得來。

經樹下，鮮少不順手抓幾塊石頭，快樂地享受倒吊之樂。

接下來是鍛鍊腿肌。平平每天做三小時的抬腿練習。他平躺在地，以雙腿平衡一截很重的木頭，並且把木頭抬到空中，用雙腿的力量把木頭抬高、放低、抬高、放低。

爲了增進體力和耐力，他每天另外花三個小時做雙腳開合跳躍與青蛙跳。接下來是每週一次的跳躍練習；往下跳、朝上跳、迅速朝四方跳、除了跳還是跳。漸漸地，跳躍成爲反射式的動作。

貓頭鷹向平平解釋天生的技能和純熟的技巧有什麼不同。他說，訓練造就技術，而技術讓天分和技能融合為一，久而久之便成為本能而立即的反應。

平平接受這樣的訓練，一小時接著一小時不間斷，只能抓空檔打個小盹。

平平天天按表操課，持續努力了整整一年。

白天，用來鍛鍊身體，晚上，則用來鍛鍊心靈；因爲有許多神祕謎團還沒得到解答。

其中一些謎團牽涉到天地萬有，不過大部分都是和平平所嚮往的樂土有關。

貓頭鷹解釋道：「未知永遠存在。絕對別一心冀望未來，也別想靠一己的能力去掌控未來。過有目的的生活，就是認知到自己正與當下的進程合一。

「變化不時會出現在你的生活之中，而變化為萬物帶來無限可能，所以要接納變化。

「心懷善念，與天地萬有為伴。不斷的變化造就許許多多的機會，要欣然接受機會的來臨。

「順流而動，你會發現它神祕和諧的力量正支撐著你。

「當改變來臨，或是障礙在眼前出現的時候，你要像你的本源——

水——一樣。」

「我會盡我所能。」平平回答。

「不對，你要超越自我。」

「你不用擔心。」平平回答。「多虧了你的教導，若我必須逆流而上，也有足夠的力量。」

這幾個月來，貓頭鷹發現平平學得很好，可是不算特別快。

貓頭鷹繼續說道：「擁有眞正力量之力，就是懂得順服，必要時懂得改變路徑。

「我再說一次，你要像水一樣。鮮少有別的元素比水還柔軟；水是最柔軟最容易改變形體之物，然而水的力量極大，足以戰勝最堅硬的岩石、最堅固的鋼鐵。水是液體，能屈能伸；水曲折轉向，流經八方——水一路上自在不拘地改變方向。

「沒有水征服不了的東西，然而水最根本的本質就是讓與、順服。

「水擁有無窮的力量，足以徹底轉變和改造阻擋路途的所有東西。你也該像水一樣。

「要知道，當你小心翼翼順流而動時，你有足夠的能力應對突如其來的障礙，化危機、問題和挑戰爲良機，化失敗爲勝利。」

平平給弄糊塗了。「我想把你的意思搞清楚。你是說利用流動之勢，我可以了解我需要做哪些事情？」

貓頭鷹回答：「有其他聲音會試著引導你去做你需要做的事情，而流動會引導你去做那些需要完成的事情。

「流動，是你得之於自然的行路方針，是讓你不屈不撓，對抗內在疑惑和外在敵人的力量。

「流動無所不在。它是一切生命的律動，沒有起點也沒有終點。流動是宇宙萬有的運行過程。

「隨著流動前進，因爲流動自然知道該往哪兒去。將每日生活與之結合，你就能在它浩淼無際的波動中破浪前行，讓全知引領你。若非順流而動，就等於放棄你精采過生活的權利。

「過有目的的生活，就是進入你的命運之流；恆常善用其波動。」

「好奇怪，」平平說。「我覺得自己像是學到了好多東西，可是同時又覺得什麼都沒學到。」

貓頭鷹說：「話語無法容納所有智慧，眞正的啓迪當如是。你的意思是，你已經準備好追尋自己的命運，正如同我相信你已經準備好一樣。」

「對，我就是這個意思。」平平回答。

貓頭鷹的反應十分精采且出乎意料之外。他低下頭，以非常非常輕的聲音說：「行即爲生。」

說完貓頭鷹就轉身，步上通往噗通河的小徑；那條小徑人跡罕至。平平跳躍著，緊跟在後。他已經脫胎換骨，比好幾個月前初入這片林子時，謙卑有智慧得多。

六　飛渡惡水

聖人執一，以為天下牧。

突然響起一陣沙沙聲，好像音訊接收不良時會有的那種雜音。

聲音越來越大，迎向貓頭鷹和平平。他們越來越靠近陡峭懸崖，懸崖下方就是噗通河。急湍和激流怒吼著，聲勢浩大，不斷撞擊岩石；聲如雷鳴，直上雲霄。

滿月的清輝照亮了眼前的景致。平平跳上一塊大圓石，勘察噗通河威力何在。

大河的壯闊眩人眼目，平平的心突然間沉重了起來。在這冥想的片刻，他開始感覺到一股強烈的不確定感，但他不讓這種感覺顯露出來。

「像這樣的挑戰，」貓頭鷹說。

「小意思。」平平很快接著說道，聲音裡卻帶著一絲猶疑。

接著，貓頭鷹和平平都安靜了下來；他們之間的寂靜，聲勢幾乎不下於噗通河隆隆作響的激流。

平平眼裡突然凝聚了一股亮光。他有好多好多話想說，卻不知從何說起。

平平用不著費神，因爲貓頭鷹全都感受到了。他揮了揮右翼。

貓頭鷹凝視著湍急惡水說道：「河流沒有形狀，是它替自己畫出了邊界。其實你就像河流一樣。」

「我希望自己具備渡河的條件。」平平回答。

貓頭鷹轉頭面對平平。他輕輕地吟誦：「要過有目的的生活，信念和意志是必要的條件。有了信念和意志，天下沒有不可能完成的事。」

「路並非遠在天邊，而是在你的內心之中。如果旅人很清楚自己該往哪裡走，總會有順風助他一臂之力。」

「謝謝你的教導。」平平謙卑地說。

貓頭鷹說：「最重要的不是你學到了什麼，而是你如何應用所學，這才是讓你與眾不同的關鍵。你可以藉著幫助別人，完成自己生命裡的使命。

「一星燭火，可點亮蠟燭千根。你要把火光帶給眾人，運用你的能力，來啓發、提升他人。」

「我會把自己的故事告訴所有人。」平平堅定地說。

「過有目的的生活的人，不會光是把自己的經歷掛在嘴上。他們以身作則，本身就是一則傳奇。行即為生。快上前撼動世界吧。」

平平輕輕地點點頭。「看我的。」

「我會的。」貓頭鷹一邊說著，一邊往上飛升，飛到位於兩百五十呎高處的最佳觀察點，俯視整條噗通河，靜靜等待。

平平的眼睛眨了又眨，直盯著下方激盪不已的河水。平平開始專注精神，放鬆頸部肌肉，頭向左擺擺，向右擺擺，最後伸展雙腿。

若想成功到達噗通河的對岸，所有細節都得納入考量。他得考慮風速與風向，重新設想最適當的跳躍軌道。

平平開始評估、計量、思考。

他不斷模擬、分析、推測。

因爲，是的，他得考慮到自己的角度和距離，而的確，他得推估出適當的高度，也當然絕對要估計地心引力的影響。這些因素都牽涉到，當他蹤身一躍，會騰空而起還是向下墜落。他的腦子咻咻咻地飛快運轉。

接下來，在這同時，最最神奇的事情發生了。

平平心中一片空白。

放空。清淨。澄澈。

平平心中沒有絲毫困惑或疑慮，盈溢著與世間萬有合一之感。簡而言之，平平自身即將與這次的體驗合而爲一。

平平往下看，然後朝對岸望望，朝貓頭鷹笑了笑。

他做了最後一次深呼吸，鼓足了勇氣。強烈的決心、信念和意志力灌注全身，平平奮力一躍——他從來不曾跳得這麼高，在空中劃出一道完美弧線。毫無疑問，這一跳，跨過噗通河綽綽有餘。

「飛起來！」貓頭鷹大喊，而平平也的確飛得越來越遠，極其優美地遨翔空中，輕輕鬆鬆征服了河兩岸之間的距離。

不過平平壓根沒想到這些。他的心通透澄澈；宛如空氣的一部分般輕靈地飛升，他不曾跳得這麼遠。

假如貓頭鷹看到平平完全脫離重力法則的限制，心中一定驕傲極了。不過貓頭鷹什麼都沒感覺到，什麼都沒看到。

貓頭鷹沒看到也沒感覺到，有一對雙翼正從高空俯衝而下，帶來致命的威脅。

貓頭鷹沒看到也沒感覺到，老鷹巨大的身影猛撲而來。

直到老鷹鋒利的爪子刺穿背部的肌肉，老貓頭鷹才有了感覺，而那感覺僅僅停留在短暫的一瞬之間。

七　生命之流

河水不斷流動，
匯入生命的迴旋之舞。

鳥羽砰然四散，打破了平平完美專注的狀態。

「不！！！」看著老鷹挾著貓頭鷹飛去，平平失聲大喊。貓頭鷹的身影很快消失，只有幾根羽毛緩緩飄落。

平平完全失控，陀螺似地瘋狂打轉，一頭往下栽，不斷向下掉。底下沒有任何東西支撐，只有噗通河的激流與岩石虎視眈眈。

激流和岩石隨即擄獲平平，他毫無招架之力。

平平一下子栽進激流，拼命亂踢冰冷刺骨的河水。他驚詫不已；他自恃十分強壯的雙腿竟然抵擋不了滾滾而來的湍急洪流，只能在水中浮沉飄盪。

平平發狂似地掙扎；他沉沉浮浮，浮浮沉沉，前一秒被猛拽到河底，下一秒又被推上水面，似乎永無休止。

但他還是加把勁，踢得越來越用力；他認爲自己能浮到夠高的位置，想辦法穩住大局，進而力抗激流，平安游上岸。

本來從不知疲累爲何物的雙腿，此刻變得軟弱無力。氣力棄他而去，整個世界開始離他遠去。信念是最最重要的，而平平的信念急速退卻、遠去。

現在，他只能用越來越無力的雙臂，抵擋朝身體撞衝而來的石塊。

面對這場痛苦的折磨，平平完全無計可施——他越是試圖抵抗，怒濤就愈加兇猛，把他往岩石上扔，重重擊打他的身體，割裂他的皮膚，撕扯他的靈魂。

相形之下，平平試圖戰勝激流的還擊動作，實在是太微弱了，就像一拳打在棉花上，對噗通河起不了作用。噗通河的奔騰怒潮牢牢控制住平平，不斷襲擊他，把他拋進一道道漩渦，重重將他往河底巨石的尖銳稜角上摔。

在精疲力竭，驚慌失措之下，平平沒辦法讓自己浮起來。然而，他還是使盡所有殘餘的氣力，試著踢水，試著抓住什麼東西，試著逃離當下看來難以逃脫的厄運——儘管毫無勝算。

平平眼中的世界變得一片慘白。噗通河即將奪去他的性命。他開始往下沉。死亡只有數秒之遙。

此刻，不知怎麼的，像是奇蹟一樣，他想起貓頭鷹的話。

「像你所源之物一樣……像水一樣。」

短短的一句話已經足夠。

突然之間，有一線生機隱隱浮現。

平平記起貓頭鷹的教導，將自己全然交托出去。

「水不斷流動，柔韌可曲；水穿行挪動，流經八方——水沿路自在地調整方向，克服障礙。」貓頭鷹這樣說過。

「過有目的的生活，就是學習如何在流動不息的現實情勢中悠游前行。順勢而動，因爲流勢自然知道該往哪兒走。」

平平照著貓頭鷹的話去做。他十分驚訝，因爲怒潮似乎一下子平緩許多，不再緊緊箝制著他，反而扶持他、引領他、保護他；水順應本性，帶著平平避開石塊和巨礫。

更精采的還在後頭。平平逐漸適應流勢，與之為友，與之共舞，持續不歇。此時，他開始感覺到一股撼人的力量；他自己逐漸化為改變自身的原動力，感覺這一切都是自然而然，水到渠成。

這美好的一刻顯示出，過有目的的生活，不過是讓自我生命的潛能透過自身而彰顯。

順流而動，因爲流勢自然知道該往哪兒走。

眞眞確確是如此。

如同貓頭鷹跟平平說過的：「幸福不是某個目的地；幸福是一個過程，是一場蜿蜒曲折的奇妙旅程。」

平平幾乎還可以聽到貓頭鷹在他耳邊叮嚀：「順勢而動。這種生活方式維持我們的生命力，引導我們，帶領我們前往充滿無限喜樂與識見之境。」

畢竟，我們就是要讓生命活得充實美好。

我們都是人生之途的旅人；每個生命的重要意義，都是爲了活出精采的一生，讓我們最眞確的命運順其自然地發展。

既然逝者如斯，因此我們無法確知平平花了多久時間順著噗通河而下；也不清楚究竟過了幾分鐘、幾小時、幾天、幾星期，還是幾個月後，河水將平平送達他的命定之地。

這一點實在不重要。

平平已經學到這項精要的眞理——當我們一味等待幸福降臨，其實幸福一直都在身邊等著我們。

幸福植根在現實生活之中，是現實生活的重要核心，等待應該得到幸福的人來拿取。

每個人心中都有一個平平；我們誕生在這個世界上，不是降於世俗之中，因爲我們的精神存在世俗之外。（無疑地，貓頭鷹和他的啓迪教誨，始終活在平平心中。）

當我們順應本性之際，也充分展現我們的情感、才能、天賦、熱情、力量，以及最深的自我意識與自我期許。

當我們沿著正確的路徑順流而動，許多美好的眞理會一下子變得顯而易見。

幸福——帶給我們美妙的人生——始終與我們同在，只等著我們領悟到它是最根本的力量。

我們有可能過不受時間影響的永恆生活嗎？

那是一定的。

至於那些仍在疑惑平平花了多長時間才發現幸福的讀者，你們自然想知道答案。我就小小聲地說好了⋯⋯

總共花多久的時間⋯⋯根本不用花時間。

後記

我一向大量閱讀。

遺憾的是，因爲種種因素而沒辦法讀得盡興——我的工作性質充滿挑戰，家中開始添了新成員，要付出不少心力，加上無數演講授課邀約，而我自己樂於協助企業成長，也熱愛寫作……事情這麼多，要抽出時間閱讀，實在難上加難。

不過，我每天打從起床開始，就盡可能鑽研沉浸在文字中，閱讀我必須閱讀的報導，也仔細篩選諸多引起我興趣的題材。我在旅行的時候，通常會遠離商業巨著，偷偷找些比較輕鬆的東西來讀，讓灌滿商業資訊的頭腦休息一下；在狹小的機艙座位上，開開心心坐擁大批的一般性書籍、雜誌、期刊和報紙，用來提醒自己聖杯的模樣。

爲什麼要跟你說這些？

有一次我搭機從美國西岸飛到東岸，在三萬七千呎左右的高空之際，偶然在當天報紙上讀到一篇令人眩目的精采報導。我的眼睛爲之一亮，全神貫注地看下去。該篇報導的標題如下：

新種青蛙一躍數千年。
偉大發現鼓舞科學界。

別懷疑，你沒看錯。那篇報導的摘要如下：

在中國圓明園寧靜蒼翠的濕地，發現堪稱生態學瑰寶的新種青蛙。圓明園位於北京西北部郊區，園內的宏偉建築、美麗景色與古意盎然的園林池塘馳名中外，而幾個世紀以來，更是中國人心目中的「園中之園」。

發現新種青蛙後，圓明園的溼地區成為異種青蛙新的大本營，而保護該區生態、避免受大規模開發的影響，更形刻不容緩。

比利時布魯塞爾自由大學的生物學家指出，這種新種青蛙後腿十分有力，跳躍力驚人，這兩項特色足以自成新的一科，而目前這種青蛙為其唯一成員。

我看得傻眼。同時也興奮不已。

一路讀下去，字字句句都撥動我的心弦，再度證實我對幸福的信念。幸福的的確確存於我們呼吸的空氣裡，時時守候著我們所有人。

我一回到公司就直奔電腦前，滿心期待地敲打鍵盤，期待能藉著Google找到更多相關資料。迫不及待。

你猜怎麼了？

當我找到那新種青蛙的圖片時，差一點就從椅子上摔下來。

即使到了今天，若你上網搜尋一下，端詳你點出的圖片，看看那幸福快樂的笑容，便不會懷疑其血統。新發現振奮人心，但那篇報導同時也指出因爲環境的問題，新種青蛙的未來堪慮。

或許他們說得沒錯。

我呢，則是相信貓頭鷹說的話——要改變未來，只需改變現在。對每個人來說，眞正的未來是從致力投入當下開始。

至於過去，嗯，希望你看到現在已經明白……過去又是另一個故事。

願讀者諸君在生活中歡欣跳躍，愛你所做，做你所愛。

準備做出抉擇，就是準備迎接轉變。

國家圖書館出版品預行編目資料

爲什麼青蛙要走路？/ 史都華.艾利.高德
(Stuart Avery Gold)著 ; 黃聿君譯. -- 初版. --
臺北市 : 大塊文化, 2006[民95]
面；　公分. -- (smile ; 71)
譯自 : Ping : a frog in search of a new pond
ISBN　978-986-7059-39-0(平裝)

1. 自我實現(心理學) 2. 適應(心理)

177.2　　　　　　　　95016622

105 台北市南京東路四段25號11樓

廣　告　回　信
台灣北區郵政管理局登記證
北台字第10227號

大塊文化出版股份有限公司　收

地址：□□□ ＿＿＿市／縣＿＿＿鄉／鎮／市／區
＿＿＿路／街＿＿段＿＿巷＿＿弄＿＿號＿＿樓
姓名：

大塊 LOCUS 文化

編號：SM 071　書名：青蛙爲什麼要走路

大塊文化 讀者回函卡

謝謝您購買這本書，爲了加強對您的服務，請您詳細填寫本卡各欄，寄回大塊出版 (免附回郵) 即可不定期收到本公司最新的出版資訊。

姓名：＿＿＿＿＿＿＿ 身分證字號：＿＿＿＿＿＿＿ 性別：□男 □女

出生日期：＿＿年＿＿月＿＿日 聯絡電話：＿＿＿＿＿＿＿

住址：＿＿＿＿＿＿＿＿＿＿＿＿＿＿＿＿

E-mail：＿＿＿＿＿＿＿＿＿＿＿＿＿＿＿＿

學歷：1.□高中及高中以下 2.□專科與大學 3.□研究所以上

職業：1.□學生 2.□資訊業 3.□工 4.□商 5.□服務業 6.□軍警公教
7.□自由業及專業 8.□其他

您所購買的書名：＿＿＿＿＿＿＿＿＿＿＿＿

從何處得知本書：1.□書店 2.□網路 3.□大塊電子報 4.□報紙廣告 5.□雜誌
6.□新聞報導 7.□他人推薦 8.□廣播節目 9.□其他

您以何種方式購書：1.逛書店購書 □連鎖書店 □一般書店 2.□網路購書
3.□郵局劃撥 4.□其他

您購買過我們那些書系：

1.□touch系列 2.□mark系列 3.□smile系列 4.□catch系列 5.□幾米系列
6.□from系列 7.□to系列 8.□home系列 9.□KODIKO系列 10.□ACG系列
11.□TONE系列 12.□R系列 13.□GI系列 14.□together系列 15.□其他

您對本書的評價：(請填代號 1.非常滿意 2.滿意 3.普通 4.不滿意 5.非常不滿意)

書名＿＿＿＿ 內容＿＿＿＿ 封面設計＿＿＿＿ 版面編排＿＿＿＿ 紙張質感＿＿＿＿

讀完本書後您覺得：

1.□非常喜歡 2.□喜歡 3.□普通 4.□不喜歡 5.□非常不喜歡

對我們的建議：＿＿＿＿＿＿＿＿＿＿＿＿

LOCUS

LOCUS